Regeno Varemund

Wichtige Fragen über das dermalige Kriegs- und Friedensgeschäft mit Frankreich

Regeno Varemund

Wichtige Fragen über das dermalige Kriegs- und Friedensgeschäft mit Frankreich

ISBN/EAN: 9783743407008

Hergestellt in Europa, USA, Kanada, Australien, Japan

Cover: Foto ©ninafisch / pixelio.de

Weitere Bücher finden Sie auf **www.hansebooks.com**

Wichtige Fragen

über das dermalige

Kriegs- und Friedensgeschäft mit Frankreich.

Dem Kaiser und Reich zur Beherzigung vorgelegt

von

Waremund á Regeno.

1795.

Cuilibet periculo futuro, quod metuimus, quovis modo obviam ire tenemur, ne damnum nobis inferatur, quod poftea corrigi nequit.

Hugo Grotius.

Die Folgen unsrer gewaltigen Zeitkrise scheinen sich jezt näher zu entwickeln. Die Früchte der Welt, dieses unendlichen Treibhauses, werden reif, kostbare Früchte, die wir mit so vielem Aufwand von Blut, Geld und Ruhe, und wenn wir es frey bekennen wollen, auch mit einiger Aufopferung von Ehre erkauffen müssen. Man hat jahrelang einen Krieg geführt, wie die Geschichte keinen weiß, und man hat von beiden Theilen zugleich die Kräfte geschwächt, weil man anfangs den richtigen Kalkul zu führen vergaß. — Die Uebel dieses verderblichsten, kostspieligsten und in seiner Art ganz einzigen Krieges machen, daß die Waagschale der Vernunft und des Gefühls sich endlich allenthalben zum Frieden neigen muß. Die stolzen Republikaner in Neufranken selbst fangen an, ihre abnehmende Schnellkraft zu füh-

 len:

sen: ihr diktatorischer Ton ist merklich herabgesunken, sie haben Ursachen die Fülle, sich die Last von Aussen vom Halse zu schaffen, um im Innern den Rest ihrer durch Blutdürstige Faktionen sehr zerrütteten Nationalmacht aufzusammeln, um einmal in den Genuß ihrer neuen, auf dauerndes System gegründeten Konstitution zu kommen.

Teutschland liegt an tiefen Wunden krank, welche ihr eine überall siegende Revolution schlug, und nur der Oelzweig des baldigen Friedens kann solche heilen. Jenseits des Rheinufers herrscht der Feind auf dem Boden unsrer Voraltern, und lebt von teutschem Fett; der Kern unsrer tapfern Mannschaft hat bereits seinen Kirchhof auf der unglücklichen Wahlstätte gefunden, ein langer Umfang unsrer Vaterlandserde ist sammt ungeheuern Summen unsers Geldes in feindlichen Händen, mehrere unsrer Fürsten haben ihre Souveränitätsrechte, Land, Leute, verloren, und mußten, ihres Wohnsitzes beraubt, wie Flüchtlinge umher irren. Aber was alle diese mißlichen Umstände noch weit betrübter macht, ist die offenbare und ver-

steckte

steckte Verschiedenheit in Meinungen und Absichten, ist der Mangel an aufrichtiger Vereinigung der Nationalkräfte zu einem Zwecke, des allgemeinen Staatsinteresse, kurz am Gemeingeiste, ohne den in einen grossen Gesellschaftskörper nichts ausgeführt werden kann. Zeit und Verhältnisse scheinen uns jezt aufzuruffen, an einen baldigen Frieden zu denken. Aber eben so wichtig und nothwendig ist der Gedanke an einen erwünschlichen, der Ehre, Würde, und dem Interesse unsers Vaterlandes entsprechenden Frieden.

Dieß muß der erhabene Zweck aller Reichsstände, aller coalisirten Mächte gegen Frankreich seyn — und dieser einzige wahre Zweck und die Mittel zu demselben müssen in einträchtlicher Verbindung realisirt werden. Dieß ist entschiedene Wahrheit, oder Teutschland müßte aufhören Teutschland zu seyn — oder man wollte wirklich nicht, was man wollen sollte — oder die teutsche Verfassung neigte sich zu ihrem Grabe.

Allein man hatte jenen Zweck zu einem annehmlichen Frieden schon seit geraumer Zeit vor Augen, ob man gleich über die Wahl der Mittel bisher noch nicht schlüßig war, und das Erzkanzleramt Teutschlands machte öffentlich am Reichstage die ersten Anträge zu einer gemeinsamen und ersprießlichen Friedenseinleitung. Kur-Brandenburg führte die nämliche Sprache des Reichsständischen Patriotismus, Pfalzbayern und andere stimmten bey, und Se. Kaiserl. Majestät war selbst weit entfernt, den edlen Gesinnungen zu widersprechen, daß vielmehr der gerechte Wunsch geäußert wurde, mit vereinigten Kräften einen rühmlichen Frieden zu erzielen, wozu die thätigste Unterstützung des Reichsoberhaupts mitwirken wollte.

Indessen sah man plötzlich über alle Erwartung auf dem gemeinschaftlichen, reichsverfassungsmäßigen Wege, auf welchem das grosse Werk des Friedens zu Stande kommen sollte, einen Scheideweg — der Hof von Berlin schloß einen Separatfrieden und eine ganz besondere Allianz mit dem Nationalkonvent in Paris. Da von so einer Unternehmung bey der hohen Reichsversammlung

lung in Regensburg nichts zur vorläufigen Sprache gebracht wurde, und da dieser Vorgang einseitig und dem oben bestimmten Gesammtzwecke entgegen war — so gab freilich der Aufzug dieses neuen Schauspiels einen auffallenden Anblick: vorzüglich mußte das Augenmerk des Kaiserl. Hofes auf diesen bedeutungsvollen Schritt eines mächtigen Reichsstandes in dieser dermaligen Verwirrung der Dinge gespannt werden. Dieß gab aber auch den wechselweisen Verhältnissen eine andere Wendung; der gemeinsame Reichspatriotismus — welcher hier und dort ohnedieß noch nicht ganz lebhaft war — schien zu erschlaffen, eine wesentliche Trennung erfolgte, wodurch die nöthige Betriebsamkeit zum Gesammtzwecke ins Stecken gerieth.

Dessen ungeachtet fuhr man fort die Friedenseinleitung in allgemeine Berathschlagung zu nehmen, und von Wien kam deßhalb ein in aller Rücksicht kluges Hofdekret, worinn eine großmüthige Aufopferung hervorleuchtet, und nur Mißtrauen gegen einseitige Handlungen kennbar wird. Hierauf ist nun auch das

Reichsgutachten in der Hauptsache erschienen, wovon die Kaiserl. Ratificirung zu gewärtigen steht.

Privatschriften haben sich zwar schon Glossen und kritische Bemerkungen über so manche Vorfälle erlaubt, aber sie haben alle das Unglück, die Grenzen der kalten Ueberlegung und Bescheidenheit zu überspringen, sie riechen von einer, wie von der andern Seite zu sehr nach Partheylichkeit, und arten in politischen, oft gröblich beleidigenden Fanatismus aus. Was nützen solche Ausfälle, oder wie schaden sie vielmehr der guten Sache? Erbitterung und Gehäßigkeit verfehlen allezeit des Zweckes, und sollten wir die so kritischen Zeiten, in denen wir leben, nicht besser zu machen, anstatt mehr zu verderben suchen? — Reine, von Parthеysucht befreyte Wahrheit muß einen Schriftsteller leiten, Wahrheit, deren mit Bescheidenheit gewürzte Stimme man nicht unterdrücken kann, und deren männlicher Ton in den Verstand und die Herzen der Menschen Eingang finden wird.

Wir wagen es in dieser Rücksicht eine und die andere Frage, über das dermal

mal anhängige Kriegs- und Friedensgeschäft mit Frankreich, dem Kaiser und Reich zur Beherzigung hiermit vorzulegen.

Vor allen wird es zweckdienlich seyn, einen konzentrirten Ueberblick auf die Veranlassungen und Folgen unsrer kriegerischen Umstände zu werfen, in denen wir uns jezt befinden, um alsdann auf Ablehnungs- oder wenigstens Verbesserungs-Vorschläge für die Zukunft desto sicherer übergehen zu können. Die Erfahrung ist die beßte Lehrerin auch im politischen Fache, und ihre Vorschriften, so wie die lautern Erkenntnisse der Uebel, in die wir uns aus Versehen oder Vorurtheil gestürzt haben, erwecken in uns Klugheit und Fürsorge. Es entsteht also zuerst die Frage:

> Wie war der Ursprung und Gang unsrer politischen und kriegerischen Verhältnisse mit dem revolutionären Frankreich, wie haben wir solche vernachläßigt und zu unserm Schaden mitgewirkt, wie stehen nun unsre Sachen?

 Die

Die vielen und grossen Ereignisse, welche die aus tiefem Schlummer geweckte Aufmerksamkeit von Millionen Menschen nie ausruhen liessen, und noch in beständiger Spannung erhalten, hätte man vor einigen Jahren unter die Unmöglichkeiten gezählt, und dennoch entstanden und wirkten sie diese mächtigen Ereignisse mit eben so unglaublicher Schnelligkeit. Der reiffe Zeitgeist gebahr sie alle in einer fortlaufenden Thatenreihe, man kam diesem Zeitgeiste nicht mit Mäßigung und Fürsicht zu Hülfe; er brach aus, und Dinge geschahen, deren überraschenden Ausfluß wir in der langen Vorbereitung hätten vorher sehen, und deren gräuliche Fortschritte wir hätten in der Folge großentheils hemmen, oder wenigstens mildern können.

Man vergaß aber auf den Ursprung der neuen Staatssachen, die sich da von selbst entwickelten, und man wollte nachher nicht glauben, daß jene Staatssachen diesen Gang nehmen würden, und als sie ihn wirklich nahmen diesen schrecklichen Riesengang, möchte man vielleicht verkehrte Mittel angewandt haben, ihn zu hindern,

hindern, wenn wir nämlich aus dem Erfolge schliessen wollen, da das Unheil nicht verringert, sondern immer vergrößert wurde. Eine der vorzüglichsten Ursachen dürfte gewesen seyn, daß man zu voll von Anhänglichkeit an alte Staatsmaximen war, die mit dem neuen, zum Theil nothwendigen Umschwung der Begebenheiten sich nicht wohl vereinigen liessen. Eine Menge Thatsachen dringen uns das ungeheuchelte Bekenntniß ab, daß man den Anfang der französischen Revolution aus einem den Bedürfnissen widrigen Gesichtspunkt betrachtete. Der blosse Namen Revolution schrekte die Mächte und man nahm sich nicht die Mühe, jene in sich ganz rechtliche, wiewohl in ihren nachherigen Wirkungen höchstens entstellte Staatsumwälzung, welche die Natur einer verdorbenen Verfassung mit aller Gewalt herbeyzog, von vereinzelten Empörungen und Aufruhren, die den Rechten der Natur der Völker und der Staaten entgegen sind, zu unterscheiden; jene war die Stimme eines Schutzgeistes einer ganzen Nation, diese sind das Gekrächze einiger mörderischen Raubvögel. Man machte die Sache der frankreichischen Monarchie

zur

zur Sache aller Monarchien, und die Sache des Königs von Frankreich zur Sache aller Könige und Fürsten. Und — (man erlaube mir die redliche Freymüthigkeit) ich denke, dieß war zu voreilig. Mein Beweis liegt in der Wahrheit der Thatsachen.

Die Revolution, oder Staatsumwälzung Frankreichs entsprang aus den giftigen Quellen einer zu Grunde gerichteten Staatsverfassung, welche den moralischen und politischen Bankrot des ganzen Landes verursachte, und jeder, der die vieljährige Geschichte dieses allmählig unter seiner glänzenden Last erliegenden Reichs, bis auf den ohne seine Schuld verunglückten Ludwig XVI zur Hand nahm, der die schwankenden Verhältnisse der Krone zu der Nation, des schwelgerischen Zehrstandes zu dem unter äusserstem Drucke seufzenden Nährstandes abwog, der alles Rathschlagens und Projektmachens ohngeachtet, den gänzlichen Verfall der Finanzen und des Staatskredits weissagen konnte, der den despotischen Reichthum und Verschwendungsgeist des weltlichen und geistlichen Adels mit der allgemeinen Armuth

des

des mittlern und gemeinen Mannes verglich — mußte den nahen Einsturz des alten morschen Gebäudes, so wie die Unvermeidlichkeit der daraus erfolgten neuen Umänderungen einsehen. Eine zweckmässigere Konstitution war also unläugbar nothwendig, war Wohlthat, und die einzige lezte Arzney gegen den einbrechenden Tod — sie kam selbst unter dem Könige zu Stande; die kranke Nation nahm sie auf, und im Gedränge muß sie jezt auch für der Krone kostbarestes Diadem gelten. Hätte hier die gewöhnliche Politik den ungestümmen Forderungen des Zeitgeistes nicht nachgeben sollen, um grösseres Unheil zu verhüten? Wäre es bey einem ruhigen untheilnehmenden Blick auf die Wiederaufrichtung einer gesunkenen Nation nicht in den Schranken der konstitutionellen Monarchie geblieben — und wäre denn diese — ohne lebhaftes Interesse und Einmischen, ohne auswärtige Einsprüche gegen einheimische Bedürfnisse — in Demokratie, und wie es zulezt geschah, in Anarchie mit allen jenen Entsetzen erregenden Ursachen und Wirkungen verwandelt worden? Oder hätte nicht vielmehr die gefährliche, in ihrem

Beginnen schon zweifelhafte Staatssache durch politische Toleranz, selbst auch durch philosophische Maaßregeln über die Hausangelegenheiten eines fremden Volks eine mildere Richtung bekommen? Hätte denn die Politik nicht einmal der Philosophie, oder besser zu sagen, der Menschheit ein Opfer bringen sollen? *) Dieß sind keine leeren Deklamationen, über die man schlechterdings mit Geringachtung hätte hinwegsehen sollen, wenn man den Hergang nur eines ernsten Nachdenkens würdigen will.

Ja, in Wahrheit! Wahrscheinlich hätte solch ein Opfer, welches nachhin mit so theuerm Aufwand abgedrungen zu werden scheint,

*) Sollte die Philosophie, jezt schon die Lehrerin der Grossen, welche einigen Antheil an unsrer heutigen Krise hatte, und zwar einen vor dem Richterstuhl der Vernunft und der reinen Politik unsträflichen Antheil haben konnte, nicht auch eine Stimme im geheimen Rath der Kabinette verdient haben, eine Stimme, welche die Weisen und die Regenten in alten und neuen Zeiten verehrten? —

scheint, einen weit überwiegenden Gewinn zurück gebracht, wahrscheinlich hätten wir das wilde Feuer dieses in der Geschichte merkwürdigsten Krieges von unsern Grenzen abgewandt, die Würde und das Leben des unglücklichen Königpaares und sogar den Thron gerettet, folglich mit so weiser Mäßigung, Mark und Kräfte unsers eigenen Vaterlandes erspart. Sehr wahrscheinlich hätte ein gelassener, absichtenloser, für uns selbst speculativer Hinblick auf die Verbesserung des frankreichischen Systems — und reiferes Nachdenken, soliderer Fürsorge für unser vaterländisches Staatenglück, kluge Anwendung auf unsre eigene Haushaltung (bey der vollen Schutzwehr der unverletzten Macht Teutschlands) uns vor feindlichen Zudringlichkeiten und Einbrüchen gesichert.

Diese Probleme, welche mit allem Respekt für eine höhere Denkungsart, und mit aufrichtigem Herzen hingeworfen sind, dürften so schwierig nicht seyn, als sie vielleicht scheinen, und ihre Auflösung hätte zur rechten Zeit dem ungeblendeten Wahrheitsforscher und Staatsmanne nicht gar schwere Arbeit seyn können. Hätten wir

blos

blos vorsichtige Zuschauer (zwar immer kampfgerüstet und waffenfertig) gemacht— ohne von weitem die geringste Theilnehmung an der verbesserten Monarchie, oder dem beschränkten Königthum merken zu lassen. Frankreich hätte ruhig und unmißtrauisch über der neuen Verfassung fortbrüten können zu ihrem Vortheil oder Schaden — der konstitutionelle König hätte keinen Reitz gehabt, auf bessere Hoffnungen die Flucht zu wagen, welche der Stoff seines nachmaligen Unglücks ward, er hätte sich an die umgemodelte Monarchie, welche er zuvor zum Schein beschworen hatte, nunmehr im Ernste angeschmiegt, und dadurch seine Krone, sein Wohl gesichert. Und setzen wir die wirkliche Abstellung des Königthums, so hätte man doch der königlichen Würde geschont. Jezt gieng ja auch Monarchie, Thron, Ehre und alles verloren. Aller Vermuthung nach wäre das Nichtkönigthum Frankreichs, Zuwachs für unsre Macht und Interesse geworden; denn unfehlbar hätten sich Factiongeist und Anarchie, ohne unser Zuthun, von selbst aufgerieben.

Und war denn wirklich die beschränkte Monarchie Frankreichs die Sache Teutschlands und andrer Monarchien? man sollte denken, mehr scheinbar als gründlich. Der unbegränzte Despotismus der französischen Monarchie war von jeher eine beständige Geisel des teutschen Reichs und seiner Kaiser: ihr trotziger und gebietrischer Wirkungskreis drohte immer alles zu verschlingen und war die lästigste Neckerei und Plage für unsre Fürsten; ihre Beschränkung hätte Vermehrung teutscher Macht und Größe werden müssen. Eben so wenig möchte die Sache des Königs von Frankreich eigentlich die Sache unsrer Fürsten und Könige gewesen seyn. Warfen sich die Könige an der Saine nicht bey jeder Gelegenheit, welche der Intrikengeist ihres Kabinets aufspürte, zu gesezgebenden Dictatoren auf unserm Boden auf, und übten sie nicht immer eine schändliche Tyranney über unser Staatsrecht aus, welches nur ein Spiel ihrer befehlshaberischen Willkühr war? — Vorzüglich waren Frankreichs Kronen immer die ärgsten Feinde des Hauses Oesterreich, gegen das sie alle Mächte aufhetzten und dessen Verringerung ihr Staatswerk ausmachte,

machte, und zwar bis auf die allerletzte Allianz von Ludwig XVI. Alles dieß verbürgt die pragmatische Geschichte aller Staaten.

Zweifelhaft bleibt es übrigens immer, ob nicht die Josephe und Fridriche, die grössten Monarchen Teutschlands, eine speculative Neutralität dem Zeitbedürfniß und ihrem Staatsinteresse für zuträglicher gehalten, und zugegeben hätten, daß die Revolution in ihrem eigenen Blute erstickt, oder aus demselben empor gekommen wäre.

Allein wie haben wir die Feindschaft der neufrankischen Staatsumwälzer durch politische Auflehnung auf uns geladen? Sie, nicht wir, haben zuerst den Krieg angekündigt. Sehr wahr! und dieß bringt das Recht auf unsre Seite.

Die Revolution nun, um auf unsern Geschichtsgang einzulenken, breitete sich mit fruchtbaren Wurzeln im Staatsstamme, wie in allen innerlichen Zweigen der Verfassung aus, und machte sich auch äusserlich furchtbar. Mit dem innerlichen Bürgerkriege begann bald der auswärtige. In der nicht so ungründlichen Vermu-

thung,

thung, die neue Konstitution, welche eine empfindliche Einschränkung der monarchischen Vorrechte, der Freiheiten und Vorzüge des adelichen und geistlichen Standes, dagegen aber die Erhebung der Menschenrechte, die Unterstützung des gebeugten Nährstandes festsetzte, würde im Auslande allgemeines Aufsehen machen, und besonders durch die sehr anstößige Abweichung von Europas bisherigem Staatssystem, den Unwillen der Könige und Grossen aufreitzen — in der Besorgniß, andere Mächte würden hauptsächlich Genugthuung für die gewagten Eingriffe in königliche Würde und Gerechtsame mit den Waffen in der Hand fodern — faßten die nun schon einmal von dem Reformationsgeiste erhitzten Neufrankreicher den raschen Entschluß, den gefürchteten Bewegungen gegen ihr eigenmächtiges Unternehmen zuvorzukommen; Sie kündigten daher allen Königen, welche sie ihren neuaufgestellten Grundsätzen entgegen zu seyn glaubten, den Krieg zuerst an, und schwuren allen Völkern, die nicht gleiche Gesinnungen mit ihnen hätten, Tod und Verderben.

Die Reihe kam vor allen an den damaligen König von Ungarn und Böhmen, Franz II, bald nachher Teutschlands erwählten Kaiser, und sofort an die Könige von England, Spanien, Italien und an die Generalstaaten. Niemand konnte sich bereden, daß eine Nation, welche erst das grosse weit aussehende Geschäft einer gänzlichen Staatsumwälzung nach allen Bestandtheilen in der Arbeit, und einen zwar dem Aeußerlichen nach konstitutionellen, aber im Herzen noch immer unzufriedenen König hatte, eine Nation, welche im einheimischen Kampf mit sich selbst befangen, in zahllosen Factionen von Despotism, Monarchism, Democratie, Aristocratie und Pfaffthum voneinander zertrennt— von häuslichen Unruhen, von Innen und von Aussen gequält— von Mißtrauen in die durch sie beleidigte Politik der Großen, und in ihre eigene Krone geängstiget war — eine Nation, deren Finanzen verschleudert, deren bürgerliche und Kammeralkräfte erschöpfet, deren Aussichten in die Zukunft höchst zweifelhaft und dunkel waren — daß, sage ich, eine Nation, welche ihr neues Staatsgesezbuch mit Bürgerblut schrieb, und ihren Triumph über aristocracratische Tyranney unter Picken und Laternenpfählen auf gemordeten Leichnamen hielt — mitten in diesen Verwirrungen den Muth haben sollte, mit halb Europa kriegerisch sich zu verwerfen, und ihre neue Politik allen Nationen aufzudringen. Dennoch übertraf der Erfolg die entfernteste Ahnung, ob es gleich bey reiferem Forschblick auf Karacter und Verhältnisse der gallischen Nation nicht so unbegreiflich gewesen wäre, daß sie — ihrer Natur nach stolz, ehrgeitzig, unternehmend, dreist, wohl gar bekanntlich nicht selten waghalsend, grellrasch in Entschlüssen — und jezt, durch das unter despotischen Fesseln ausgelittene Elend, auf den höchsten Grad von Reitzbarkeit gebracht — den Rest aller aufgesammelten Kräfte aufbieten, alles wagen würde, um ihre Staatsverbesserungsplane mit Gut und Leben durchzusetzen und zu vertheidigen.

Der Krieg war nun erklärt und mit der Erklärung auch schon in vollen Flammen. Mehrere Hunderttausende der Neufranken zogen, von patriotischem Enthusiasmus für Freyheit, Gleichheit und Menschenrechte durchglüht, an allen Enden mit

Wehr und Waffen aus: Zuerst stürzten sie in die österreichischen Niederlande, welche, ihres blühendsten Wohlstandes ungeachtet, bereits ohne Ursache über einer dummboshaften Empörung gegen die aufgeklärten und wohlthätigen Einrichtungen ihrer Souveräne brüteten, und jetzt die Feinde ihrer rechtmäßigen Herrschaft mit offenen Armen empfiengen, Feinde, von denen sie in der übertriebensten Ausdehnung sich despotisch aufbürden lassen mußten, was sie von der weisen und mäßigen Fürsorge ihrer Landesherren aufrührisch zu verwerffen suchten. Die Belgier traten mit den Frankreichern in einen geheimen Bund, der mit ihrem hauseigenem, aristocratischem und bigotem System in einem lächerlichen Kontraste stand. Anfangs schien das Waffenglück abwechselnd, man gewann die Niederlande, und verlor sie eben so wieder. Aber indessen der famöse Custine sich auf teutschem Boden, als hätte er einen Freybrief, ungehindert und ruhig herein schlich, mit aller Gemächlichkeit über den Rhein gieng, und Mainz eroberte, machten sich die vortreflichen Krieger des Kaisers, welche schon im letzten Türkenkriege Monumente ihres

Ruhmes zurück liessen, von Belgien und weiters dann von den französischen Vesten Conde und Valenciennes Meister, und mittlerweile hat auch das teutsche Reich ein Beispiel einer altheroischen Entschlossenheit gegeben, als schwebte wirklich Hermanns Geist über Thuiskons Söhne, indem eine förmliche Kriegserklärung an Frankreich erschien, wozu das teutsche Reich schon durch feindliche Eingriffe in verschiedene Besitzungen in Elsaß, durch die billige Theilnahme an der Kränkung seines Oberhaupts, und häufige Anmassungen und Mißhandlungen gegen das teutsche Vaterland aufgefodert wurde.

Jedes Patrioten Herz mußte bey diesem Schritte von hohen Empfindungen schwellen, da es wahre Freude war, zu sehen, wie der Gemeingeist den teutschen Reichskörper beseelte. Der alten teutschen Fürsten ruhmvoller Heldenmuth, der ehmals so furchtbar und in der Geschichte so auszeichnend war, konnte sich hier auf der glänzendsten Bahn zeigen. Zu dem kam noch, daß Preussen jezt der mächtige Bundsgenosse des Erzhauses Oesterreich war, und von diesem unserm Vaterlande so heilsamen Freundschaftsbande, welch grossen Erwartungen konnte man entgegen harren? Wenn nun in Vereinigung mit diesen zwey ersten Mächten Teutschlands die Gesammtkraft aller Fürsten zugleich zu einem gemeinsamen Zwecke mitgewürkt hätte, wenn man mit allem Ernste und mit aufrichtiger Uebereinstimmung ohne Zeitverlust nach dem Reichsherkommen und gewöhnlicher Vorschrift die Reichsarmatur hergestellt, die Contingente entrichtet, und so die angestrengten Unternehmungen des höchsten Oberhaupts zur gemeinschaftlichen Wohlfahrt unterstützt hätte, gewiß, das kaltblütige Teutschland hätte dennoch so mächtigen und fanatischen Ausbrüchen der neufränkischen Weltenstürmer Einhalt gethan, und, wenn nicht ganz gesiegt, doch unstreitig die Verheerung von unserm Gebiete abgewendet und eine einer ordentlichen Staatsverfassung angemessene Wirkung hervorgebracht, zumal, da auch andre grosse Mächte, und vorzüglich Frankreichs stärkster Antagonist England, der Coalition beygetreten sind.

Aber wie wenig wurden diese grossen Erwartungen erfüllt? Hier suchte man sich durch das System der Neutralität in einer Gemeinsache aus dem Handel zu ziehen — dort machte man bald diese, bald jene Schwierigkeiten, und schützte Unmöglichkeit vor, oder verzögerte von Zeit zu Zeit mit der Ausführung der reichsständischen Pflichten, welche in einer so gefährlichen, der vaterländischen Grundverfassung drohenden Lage, mit der möglichsten Thätigkeit und dem lebhaftesten Gesammtwillen betrieben werden sollten, oder man that endlich nur alles zur Hälfte und mit einem dem ganzen Operationsplane schädlichen Kaltsinn. So verschwanden Monate und Jahre über Deliberationen, Protocollöfnungen, Vorschlägen, Votirungen, Auffoderungen und Rescripten, und damit verschwanden alle Hilfsmittel, dem einreissenden Strome einen hinlänglichen Damm zu setzen. Dieß bezeugen die vielen kaiserlichen Hofdecrete, Reichsgutachten und Abstimmungen patriotisch gesinnter Fürsten, wie namentlich von Kursachsen und Hessenkassel, deren Truppen mit altteutscher Tapferkeit fochten, und selbst von Kurbrandenburg, dessen Reichspatriotismus anfangs theils durch die theilnehmenden Erklärungen am Reichstage, theils auch durch die bewährte Heldenkraft seiner Bremen, auf denen der Geist Friedrichs noch ruhen wird. Die brave und getreue Reichsstadt Frankfurt, und dann die beträchtlichste Reichsveste und Vormauer Mainz in Verbindung mit jenen, und der beispiellosen Mitwirkung der Oesterreicher wieder aus den Klauen der Frankreicher retten half. Und dieß war und ist noch das einzige Werk der teutschen Koalition; übrigens aber lag die concentrirende Spannkraft des Reichsverbandes darnieder, ausser Sachsen, Hessen, und Pfalzbaiern, welches letztere das bereits Versäumte zu spät ersetzen wollte, und dem geringfügigen Beytritt der geistlichen Höfe geschah nichts, oder vielmehr alles lag im unerwecklichen Schlummer, nichts halfen die kaiserlichen Klagen und Vorstellungen, nichts konnte mehr die bedeutendste Macht und Biederkeit der österreichischen Heerhauffen allein gegen die Ueberschwemmung der andringenden Fürsten- und Thronenfeinde bewirken, nichts konnten die ungeheuern Aufopferungen des höchsten Reichsoberhaupts an Mannschaft und Geld in Electrisirung der erschlafenden Kräfte fruchten, und

zwar

zwar um so weniger, als Preussens patriotische Gesinnungen zu erkalten begannen, und dessen Privat-Interesse mit dem Interesse andrer Fürstenhöfe verwickelt zu werden. Die Neufrankreicher wußten diese grossen Lücken im Reichsverband treflich zu benützen, immer frische Kräfte zu sammeln, und allmählig mit einem zur Halbscheide überwiegenden Cordon von fanatischen Freyheitsfechtern die grosse und heldenmüthige Macht Oesterreichs zu entmannen. Man ließ ihnen selbst freyen Spielraum, und wie konnte es das einzige Oesterreich jenseits des Rheins, sich selbst überlassen, gegen die schreckliche und stets zuwachsende Ueberlegenheit ausdauern? Nicht nur ganz Belgien, auch die schon eroberten Vesten, und überdieß noch ganze teutsche Strecken zwischen dem Rhein und der Maas hin, sind der feindlichen Uebermacht zur Beute geworden. Wir mußten blosse Zuseher seyn, wie man in Paris auf den Trümmern des zusamm geworfenen Thrones eine republicanische Konstitution errichtete, wie Frankreichs König und seine Gattin, eine österreichische Prinzessin, auf dem Schavott den schändlichen Tod litten, wie endlich unsre Absichten

ten alle zerstört wurden, von denen wir ausgegangen sind.

Dieß waren die Folgen des politischen Unglaubens, des ceremoniösen Phlegma, vorzüglich des konvenienzmäßigen Widersprechungsgeistes und der egoistischen Scheelsucht. Und in diesen Umständen, und indessen man am Reichstage auf billiges Andringen des Kaiserhofes mit reelen Rathschlägen, über endliche Concentration der Gesammtkräfte, über reichsgesetzliche Abführung der Römermonate und des fünffachen Kontingents beschäftiget war — indessen gleichfalls die kritischen Umstände der neuen Republikaner versprachen, mit den Waffen in der Hand einen ehrlichen Frieden erzwingen zu können — kommt von Basel die Nachricht daß der Kurfürst von Brandenburg und König in Preussen einen Separatfrieden, und noch ins besondere eine Off- und Defensivallianz mit der von ihm zuerst anerkannten Republik nebst geheimen Artickeln abgeschlossen habe.

Aus diesem ergiebt sich die zweyte Frage:

Aus welchem Gesichtspunkte ist dieser letztere Vorfall zu betrachten? Soll das teutsche Reich nun auch Frieden mit der neufränkischen Republik machen, und was kommen dabey für kritische Bemerkungen vor?

Die Delicatesse dieses äußerst wichtigen Punktes mit der königlich preussischen Trennung von der Koalition ist zu groß, als daß sie nicht die möglichste Vorsicht anrathen sollte, die verbindliche Ehrfurcht sowohl gegen die Sache selbst, als zuvöderst gegen den hohen Urheber derselben nicht ausser Acht zu lassen. Beleidigende Sarkasmen auf eine Macht, welcher unser teutsches Vaterland die tiefste Verehrung schuldig ist, sind Geburten einer strafbaren Parthеysucht; vernünftige Bemerkungen aber, tragen das Gepräge einer erlaubten Wahrheitsliebe, welche auch von dem Andersdenkenden nicht ganz verworfen wird.

Daß man an einem Frieden mit Frankreich arbeiten müsse, ward schon zur Sprache am Reichstage, und selbst die kaiser-

kaiserliche Erklärung war nicht dagegen; nur sollte der Friede auf allen Fall zwey unumgängliche Eigenschaften haben, nämlich, er sollte annehmlich, und dann allgemein seyn. Und diese beyden Eigenschaften fliessen aus der Natur der Sache. Dahin zielten Bewegursache und Zweck der Koalition und des Reichskriegs. Annehmlich sollte der Friede seyn, das heißt, der Würde, den Absichten, der Verfassung und dem Interesse des teutschen Vaterlandes entsprechend. Alle Abstimmungen in Regensburg und selbst alle von Kurbrandenburg führten diese Sprache, und konnten keine andere führen; denn Niemand wollte ja einst in der Vaterlandsgeschichte ein ewiges Schandmal aufstellen. Keine andere Frage konnte also hier mehr seyn, als wie jene Annehmlichkeit des Friedens bewirkt werden könne? Und diese wird dadurch beantwortet, daß der Friede auch allgemein seyn müsse.

Der gegenwärtige Krieg war ein abgezwungener Krieg der Koalition, aber noch mehr, er war ein Krieg des gesammten teutschen Reichs; es kann

also

also auch nur ein allgemeiner, das heißt, ein Reichsfriede werden. Der Vordersatz ist wohl nicht zu leugnen, und dessen Beweis liegt in den Thatsachen. Der König von Preussen war einer der ersten, der der Koalition gegen Neufrankreich beytrat, der es für gut fand, die Sache der angegriffenen Könige mit der seinigen zu vertheidigen, und der mit andern die löbliche Absicht hatte, die Rechte des Thrones und der politischen Ordnung in Frankreich herzustellen. Die Koalition sollte zur Erreichung eines und eben desselben Zweckes in Gesammtheit mitwirken, wozu sich Preussen kontractmäßig verband.

Von Seite Kurbrandenburgs, stimmte man zum Reichskriege, und die schönsten, die edelsten Erklärungen und Aufmunterungen erschienen von Zeit zu Zeit, wie man mit Gesammtwillen und in verbandmäßiger Eintracht zu dem gleichen Gesammtzwecke hintrachten solle; der König war noch insbesondere der alliirte und freundschaftliche Bundsgenosse des Kaisers, nachher auch des Königs von Großbrittanien, wobey man sich noch be-

kannt.

kanntlich zu eigenen Verbindlichkeiten anheischig machte. Dieser Krieg ist also ein Krieg der Koalition, ein Krieg des Reichs (in corpore) er ist allgemein. Es muß also auch der Friede, ein Friede der Koalition und noch weit mehr ein Friede des gesammten Reiches, das ist, ein allgemeiner Friede werden. Ohne diese wesentliche Allgemeinheit, in engster Verbindung aller Reichsmitglieder zusamm mit dem höchsten Oberhaupt, ist es nicht möglich, einen annehmlichen Frieden zu bezwecken, das heißt, einen Frieden für das Reich, welcher das Ganze aufrecht erhalten und die Resultate hieraus begründen soll. Tritt aber Privatinteresse und individuelle Rücksicht von Einzelnen an die Stelle des Gemeinsinns, so werden das Gesammtbündniß und dessen Wirkungen zerstört, so ist der allgemeine Zweck des Reichskrieges, welchen man allgemein unternommen, und mit vereinigten Kräften auszuführen sich verpflichtet hat, verfehlt, folglich kann auch keine allgemeine Annehmlichkeit des Friedens für das Ganze statt finden, welches alsdann bey einer sichtbaren Trennung sich in Brüche verlieren muß, worunter das Gemeinbeßte

des

des Reiches den größten Schaden leidet. Nach diesen unstreitigen Grundsätzen und Folgerungen, welche mit der teutschen Verfassung, so wie sie bis hieher existirt hat, unauflösbar zusammen hängen, wird es nicht leicht zu erklären seyn, wie der Hof von Berlin, welcher der Allgemeinheit des erklärten Reichskriegs feyerlich beygetreten ist, nunmehr einen einseitigen Friedensvertrag mit dem Feinde des teutschen Reichs und seines Oberhaupts eingehen könne, wenigstens ohne Verletzung des Reichsverbands und des gegebenen Worts, womit bey der gemeinschaftlichen Reichskriegserklärung die unverbrüchliche Anhänglichkeit an deutsches Gesammtintereße zugesichert ward.

Es sey dahin gestellt, ob es nicht gegen die Staatsgerechtigkeit streite, wenn die Krone Preussen vor der allgemeinen Koalition der auswärtigen Mächte, zumal Großbrittaniens, abgeht, und sich auf die feindliche Seite schlägt, obwohl auch hier eine besondere Bundesgenoßenschaft obwaltet, welche durch die verwilligten Subsidiengelder zur Bestreitung des Gemeinkrieges vermehrt wurde, und obwohl es um den Kredit aller hohen Allianzen eine mißliche Aussicht bekäme, wenn sie auf Beßerdünken und Privatnutzen sogleich wieder gebrochen werden könnten. Aber daß Kurbrandenburg in Gemäßheit eines der ersten Reichsmitstände gegen die allgemeine Annehmung des Reichskrieges und deren abzuleitenden Verbindlichkeiten, gegen die teutsche Allianz sich lossagt, und zwar in dem verworrensten Zeitpunkt, da eine allgemein annehmliche Reichsfriedensnegotiation im Werke war, scheint nicht nur den dermaligen Verhältnißen des eingegangenen Bündnißes und Gesammtwillens gegen die Fortschritte der neufrankischen Republik zu widersprechen, sondern überhaupt schon den Ideen, den Gesetzen und dem pragmatischen Herkommen der teutschen Grundverfassung.

Unter den ersten Fundamentalgesetzen unsers teutschen Reichsystems stehen oben an, der westphälische Friede, und die von Zeit zu Zeit immermehr reformirten Wahlkapitulationen, Fundamentalgesetze, deren Heiligkeit und unverrückte Bevestigung von jeher die

preuſ-

preussischen Staatsschriften bey allen Gelegenheiten zu ihrem Vortheil rühmlich angeführt und empfohlen haben. Und hierauf beruht auch das Reichsherkommen, die wechselseitige Verbindlichkeit der Reichsstandschaft untereinander, folglich das allgemeine Interesse des Reichsverbandes, dessen Natur bey entschiedenen Gemeinsachen das einzelne Privatinteresse nicht annehmen kann. Diesem zufolge ist zwar ein Reichsstand berechtiget, alles zu thun, was mit seiner Territorialhoheit, und den Fürstenrechten übereinstimmt, insofern er den obigen Reichsgrundgesetzen nicht zuwider handelt, und insofern einem andern Reichsmitstande dadurch kein Unrecht oder Nachtheil zugeht. Die ausdrücklichen Vorschriften des westphälischen Friedens zielen dahin, daß in allen öffentlichen und wichtigen Reichsgeschäften jeder Mitstand, und alle Mitstände zugleich als ein Körper, ein Ganzes betrachtet werden, und die Mehrheit der Stimmen gelten sollen,*) wenige

 Fälle

*) Ex actis imperii cuiuscunque temporis observare licet, quod status Imp. in publicis

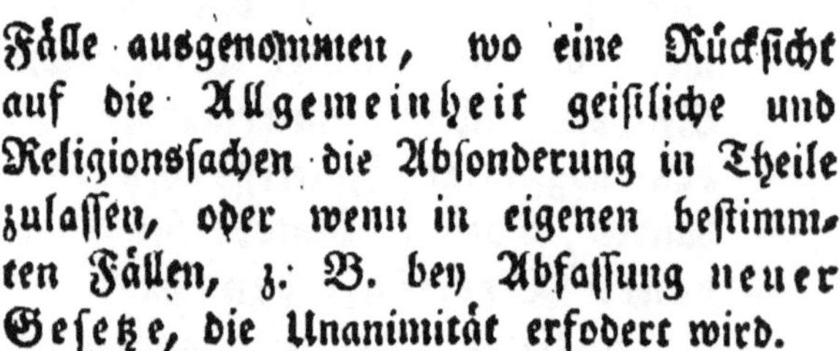

Fälle ausgenommen, wo eine Rücksicht auf die Allgemeinheit geistliche und Religionssachen die Absonderung in Theile zulassen, oder wenn in eigenen bestimmten Fällen, z. B. bey Abfassung neuer Gesetze, die Unanimität erfodert wird.

Vorzüglich bey Bündnissen, welche das Reich unter sich, oder mit andern abschliessen will, oder wenn ein Friedensgeschäft in Betreff des Ganzen vorkommt, und sonst eine öffentliche Reichsangelegenheit, geniessen die Stände dann nach Ausweisung des Westphälischen Friedens*) und der stets üblichen Obser-

licis negotiis tanquam unum corpus considerentur. Namque pluralitas volonem tunc demum attenditur, ubi res, de qua suffragia colliguntur pertinet ad Universitatem ut Universitatem. Status autem imperium constituunt, i. e. Universitatem. Zieglerus ad Grotium de J. B. et P.

*) Gaudeant Status, sine contradictione jure suffragii in omnibus deliberationibus super negotiis imperii, praesertim ubi pax aut

Observanz, wie es ausdrücklich daselbst heißt, das Stimmrecht in allen Rathschlagungen ohne Widerspruch, besonders wo Friedensschlüsse zu machen, Bündnisse einzugehen, oder andre dergleichen Reichsgeschäfte zu verrichten sind. Hierinnfalls kann, wie an der nämlichen Stelle des gedachten Instruments, welches immer als Basis in Beurtheilung aller Reichsverhandlungen angesehen wird, beygesezt steht, nichts zugelassen noch entschieden werden, was nicht mit koncilialischen, und freyer Stimmenmehrheit, und Einwilligung der Stände geschieht.

Nun wird wohl kein Zweifel übrig seyn, ob der Gegenstand des teutschen Krieges und Friedens, mit der Frankenrepublik unter die ersten und öfentlichen Reichsgeschäfte gerechnet werden könne,

 auch

aut foedera facienda aliave eiusmodi negotia peragenda fuerint, nihil horum aut quidquam simile posthac unquam fiat vel admittatur, nisi de comitiali liberoque omnium Imperii Statuum suffragio et consensu. P. W. Art. 8. §. 2.

auch nicht, ob die komitialische und freye Mehrheit der Stimmen und Einwilligung der Stände erforderlich sey, da die Kriegserklärung allgemeine Verhandlung des Reichs war, und folglich eben so der daraus sich ergebende Friedensschluß als allgemeine Staatssache der Stände betrachtet, und in dieser Rücksicht, dem Grundgesetze des westphälischen Friedens gemäß, mit Stimmenmehrheit und Einwilligung der Stände vollendet werden, somit keinem Mitglied erlaubt seyn muß, einseitig für sich ohne Komitialvorwissen und Uebereinstimmung zu thun.

Um so weniger dürfte also einigem Zweifel unterworfen seyn, ob der preussische Separatfriede, und oben drein die Off- und Defensivallianz mit der Frankenrepublik wider die Vorschrift des westphälischen Grundgesetzes streite. Kurbrandenburg gab nicht nur zum gegenwärtigen Reichskriege seine Stimme, sondern bestättigte auch, als einer der ersten und mächtigsten Stände, mit der lebhaftesten Theilnahme an dem Gemeinzwecke im Felde seinen wirklichen Beytritt; Kurbrandenburg betrach-

betrachtete also das Geschäft mit Frankreich als eine allgemeine Reichsangelegenheit, welche nach dem westphälischen Friedensinstrument nur durch die Stimmenmehrheit und Einwilligung geschlichtet werden müsse, und Kurbrandenburg hat aus diesen Gründen leicht eingesehen, daß auch der Friede nur als allgemeine Reichssache allgemein abgethan, und ohne komitialische freye Gesammtstimmung reichsgrundgesetzlich und im ordentlichen reichsverfassungsmäßigem Wege nicht von irgend einem Stande beeinseitiget werden konnte. Und dennoch hat man in Basel mit dem republikanischen Gesandten Barthelemy nicht nur für die Krone Preussen, sondern auch für Kurbrandenburg einen Partikularfriedensvertrag unterzeichnet, indeß in Regensburg am Reichstage die Deliberationen über die allgemeine Einleitung eines soviel möglich für das gemißhandelte Teutschland ersprießlichen Friedens ihren Anfang nahmen. Man ließ sich von preussischer Seite mit einem einfachen Partikuliervertrag nicht begnügen, es wurde ein Vertheidigungs- und Angreiffungsbündniß mit dem Konvent in Paris

Paris getroffen, und eine Demarkazionslinie gezogen, welche jezt von der neuen Allianz der Frankenrepublik teutschen Fürsten und Völkern als Grenze vorgezeichnet war, über die sich ihre gerechten, selbst von Preussen vorher als gerecht anerkannten Waffen gegen den Hauptfeind des teutschen Reichs nicht wagen dürften, und wobey alle Mittheilung für Frankreich sollte begünstiget, hingegen jene für das teutsche Vaterland abgehalten werden. Dem braven Patrioten mußte hier das Herz bluten, wenn er jezt die großen Hofnungen vereitelt sah, die er von der thätigen Mitwirkung Sr. Königlichen Majestät von Preussen, als einem so vielvermögenden Reichsstande bis ans Ende dieses fatalen Handels hegte, und hegen mußte, da Höchstselbe immer die Kriegssache mit den Frankreichischen Staatsumwälzern als eine förmliche Gemeinsache des teutschen Reichskörpers mit vereinigter Macht betrieben wissen wollten, und zu diesem Zwecke Ihrerseits die theuersten Versicherungen ins Publikum kommen ließen. Wie konnte auf einmal jene berüchtigte, in Teutschlands

Hallen

Hallen so oft wiederholte Gemeinstimme: Wer nicht für uns ist, der ist wider uns, als damit der Langmuth einiger teutschen Fürsten aufgereizt werden sollte, so geschwinde in eine feindliche Partikularstimme zwischen Preussen und der Frankenrepublik: Wer nicht für uns ist, der ist wider uns, verwandelt werden?

Allein, scheint der Separatfriede und die feindliche Demarkazionslinie gegen das teutsche Reich, dem Gemeingeiste und den Grundgesetzen der teutschen Verfassung zu widersprechen, so scheint er auch ein offenbarer Bruch gegen die auswärtige Koalizion, und besonders gegen die feyerliche Allianz mit dem Erzhause Oestreich zu seyn. Nichts von der beträchtlichen Unterstützung des siegreichen Englands zu melden, hätte die berühmte Konvention in Reichenbach, wodurch die so kostspieligen als großen Eroberungen Josephs II. wieder zurück kamen, hätte der Freundschaftsvertrag in Pillniz, auf dessen heilsame Wirkungskraft Teutschland so viel Vertrauen sezte, hätte die Asche des beßten Leopolds

 durch

durch jene großmüthigen Konvenienzen bey dem schönen Zuwachs des Hauses Brandenburg mit Danzig und Thorn, wodurch dieses seine herrliche Landmiliz noch mit einer ehrwürdigen Seemacht, und die Zirkulazion der Finanzen mittelst der neubelebten Komerzkanäle vergrößerte, nicht ein kleines Opfer verdient? hätte Franz II mit der angestammten Biederkeit des Erzhauses Oestreich nicht gleiche Trautheit der Gesinnungen erwarten dürfen? — Oder was würde man in Berlin gesagt haben, wenn man von Wien aus allen Seitenweg verrammelt, und zuerst einen einseitigen Frieden mit der Frankenrepublik in der Stille geschlossen hätte?

Aber die erschöpften Aufopferungen der Schatzkammer in Berlin, die Unvermögenheit, länger einem verderblichen Reichskriege beyzuhelfen, die dringendste Nothwendigkeit, einmal die Bahn des Friedens zu brechen, und mit einem aufmunternden Beyspiel vorzuleuchten, sind dieß nicht Rechtfertigungsgründe genug für den Preussischen Separatfrieden? Wahrlich eben so viele Zeugnisse des Patriotistriotismus sind vorhanden, daß auch andere teutsche Fürsten sehr vieles, und noch weit mehr dem Vaterland zum Opfer gebracht, auch Oestreich, welches erst sein Geld, seine Munizion, seine Truppen von Osten gegen Süden und Norden wandern lassen mußte, hat dem teutschen Reich gewiß ein Muster von Edelmuth dargestellt, und würde bey mehrerer Mitwirkung auch grössere Erfolge erzeugt haben; auch der Kaiser hat zu allem Ueberfluß und weit über den Bezirk seiner oberstherrlichen Pflichten sich nicht die äusserste Anstrengung gereuen lassen, zum Beßten des Reichs alles zu thun. Und würde der Erzherzog von Oestreich allein nicht mehr für seinen Privatnuzen haben sorgen können, als das Oberhaupt des teutschen Reichs, welches nur die allgemeine Angelegenheit des ganzen Reichskörpers vor Augen hatte, und sich nun seinem Schicksale überlassen sieht?

Doch Preussens Staatsverhältniß und Interesse, die Konvenienz! Selbst Schriftsteller, welche vielleicht eine etwas zu partheyische Vorliebe auf-Kosten der Wahrheit verrathen, führen des preussischen

schen Hofes Staatsinteresse und Konvenienz als die stärkste Grundsäule an, worauf sich dessen System erhalten kann. Aber dieß wäre ja eben dem Gemeinsystem der teutschen Reichsverfassung zuwider, dem zufolge alle Reichsstände zusammen in unauflöslichen Verband, und in engster Verbindung mit ihrem Oberhaupte zu gemeinschaftlichen Zwecken hinarbeiten müssen, wenn von allgemeinen Reichsgeschäften die Rede ist, wie hier bey dem Krieg oder Frieden mit der neuen Frankenrepublik. Die Folgen einer einzelnen Absonderung von dem Gemeinverband dürften daher nicht die erwünschlichsten seyn, und der Abstand von dem unentbehrlichen Gemeinsinn müßte eine gefährliche Verwirrung in das Ganze bringen. So sehr aber in unserm Falle die Vermuthung für die höchste Person Sr. Königl. Majestät in Preussen eintrit, daß die beßten Absichten bey dem Separatfriedensvertrag zum Grunde, um dem reichsverderblichen Kriegsunheil endlich zu steuern, wie dieß die versprochene vielvermögende Verwendung für das teutsche Reich beweisen könnte, so ist es doch immer bedenklich, ob ob der Augenblick gut gewählt, das heißt, für den Gemeinzweck, für das Ganze vortheilhaft, ob der Friede so sehr zu übereilen, und auf Gerathewohl zu bauen war? Mit der Frage: ob wir Frieden mit der Frankenrepublik machen sollen, sind die Nebenfragen verknüpft, soll dieser Friede erbettelt, soll er nach der Willkür unserer Feinde bestimmt, soll er mit den nächsten beßten Rettungsmitteln aufgenommen werden? Das Reich und dessen Oberhaupt wollen den Frieden, dieß geben die heutigen Thatsachen am Reichstage zu erkennen; aber ist er so sehr nothgedrungen dieser Friede, sind wir wirklich in so bedaurungswerther Verlegenheit, daß wir die neufränkische Zuchtruthe in Demuth küssen, und, wie unmündige Kinder, Schonung erflehen müssen? So tief ist Teutschlands Macht und Ansehen noch nicht herabgesunken. Wir sollen Frieden haben, wir sollen ihn bald haben, unsere Fürsten, unsere Völker seufzen ihm selbst entgegen, aber wir sollen ihn mit Ueberlegung aus seinen Ursachen und Wirkungen von selbst hervorgehen lassen; er soll nicht mit Erniedrigung des teutschen Namens,

mens, nicht mit unsrer Ehre, mit unserm Gut vermäckelt werden. Wir fragen noch einmal, ist er denn von der bittersten Noth abgezwungen dieser Friede? Die vorliegenden Umstände von allen Seiten beantworten diese wichtige Frage verneinend. Weder in Hinsicht auf Teutschlands noch bestehende Kriegsmacht, noch in Hinsicht auf die Verhältnisse der Republikaner in Frankreich mit uns, ist der Friede nothgedrungen. Nicht das erste; wir haben zwar, es ist nicht zu läugnen, einen empfindlichen Verlust gelitten; Volk, Land, Geld ist in Menge versplittert. Aber das teutsche Reich ist noch nicht in dem kläglichsten Zustande eines Kranken, der kaum mehr Athem holen kann, und nur mit Mühe nach der lezten Wegzehrung hascht. Die bis izt im Felde stehenden Heere sind Zeugen, daß wir noch nicht über vertrocknetes Mark klagen dürfen, unsere Quellen, die Miliz und die Erfordernisse zu behaupten, sind nichts weniger als versiegt, unsere Armeen entkräftet noch nicht der todblasse Hunger, sie erwarten den Feind in guter Rüstung, und voller Mannskraft.

kraft.*) Und dabey ist Teutschlands Nazionalenergie noch nicht angestrengt worden. Wären erst unsere Völker gleich den Frankreichern in Masse aufgestanden, wären von Seite des Reichs die Kontingente nach den Zeitbedürfnissen entrichtet worden, wäre der teutsche Gemeingeist in untrennbarer Verbindung der Glieder und des Hauptes mit gleich elastischer und schneller Thätigkeit auf einen Gesichtspunkt hin wirksam gewesen, wie mächtig würden wir der großen Macht der Neufranken die Stirne geboten haben? Was könnten wir noch leisten, wenn wir mit ernstem Gemeinsinn auf Zweck und Mittel bedacht wären? Was hätte man nicht noch in die Zukunft von dem beyspiellosen Eifer Sr. Kaiserlichen Majestät, als Erzherzog von Oestreich und als Teutschlands Oberhaupt zu hoffen, höchstwelche nicht so fast aus Privatinteresse, als aus geschicht-

würdi-

*) Die braven Sachsen, Hessen, Pfälzer und Oestreicher, wie brennen sie nicht für Begierde, sich mit den Feinden ihrer Fürsten zu messen!

würdiger Obhut über das Gemeinwesen alles aufzubieten in öffentlichen Erklärungen bereit sind, was in aufrichtiger gemeinsamer Zusammenwirkung aller Stände zur Herstellung eines anständigen Friedens beytragen kann. Wie viele Hülfsquellen hat Oestreich, welche kaum merklich, oder gar nicht geöfnet sind, wie großmüthig und zahlreich waren die Landesbeyträge, und noch überdieß freywillig, und was könnten und würden die getreuen Oestreicher, welche ihren Souverän lieben, ferners thun, wenn sie sähen, daß man mit dem Erzhause redlich zu Werke geht? leidet der gegenwärtige Nationalreichthum die geringste Schwäche, welche Schätze lägen in den Klöstern und in den Wahlfahrtskirchen verborgen, die, aus den öden Winkeln hervorgezogen, für die Sache des Landesherrn wirken könnten? Bringt man noch zu dem allen die standhafte, und auf der politischen Waagschaale Europa's schwer wiegende Allianz Großbritaniens mit dem Kaiser der Teutschen in Anschlag, eine Allianz, welche, solid in Bewegursache und Absicht, Frankreich vor alten Zeiten schon furchtbar war, und wodurch der Kaiser

Stoff

Stoff gewinnt, im Einverständniß mit dem erhabenen Sieger der Französischen Inseln eine bündige Sprache mit dem Nationalkonvent zu führen — wenn man diesen richtigen Zusammenhang der politischen Verhältnisse überdenkt, so läßt sich nicht absehen, warum, und wie das teutsche Reich mit seinem Oberhaupt bis diese Stunde in solchem Gedränge seyn soll, von der Neufrankenrepublik als überwundene Sklavin sich Friedensgesetze in Basel vordiktiren zu lassen.

Aber auch selbst die Beschaffenheit der Republikanischen Kriegsumstände ist von keiner so grossen Bedeutung, daß der beschleunigte Friede des teutschen Reichs eine blosse Nothwehr gegen die feindliche Uebermacht seyn müßte. Wir wissen zwar, daß eben diese Uebermacht allein über die Tapferkeit der kaiserlichen und anderer Reichstruppen Siege erfochten hat, deren leidige Folgen wir grossentheils auf Rechnung partikulärer Abweichungen von dem Gemeinwerk schreiben können; aber wir wissen auch eben sowohl, daß diese Siege der Feinde, mehr glänzend als reell, mit ganz ausserordentſerordentlicher Ermüdung erkämpft, ihnen eine Bürde auf den Nacken werfen, die ſie in die Länge nicht mehr ertragen können. Schon ſeit geraumer Zeit wüthen Hunger, Dürftigkeit und Entkräftung, wie die Peſt, unter den republikaniſchen Armeen. In den eroberten Ländern iſt nichts mehr zu erholen, da bereits alle Kaſſen ausgeraubt, alle Wohnungen geplündert und alle Bürger verarmt ſind. Keine Aushilfe bleibt mehr, dem Soldaten zureichende Nahrung, durch Kontribuzionen und alle Arten von Erpreſſungen, zu verſchaffen; die fanatiſche Wuth der Freyheitskämpfer iſt nun ſehr gedemüthiget, ihr Muth erkaltet, und eine gewiſſe Läßigkeit hat ſich wie ein zehrender Wurm in die Feinde eingeſchlichen, welche ſelbſt laut das Ende ihrer Drangſale zu wünſchen anfangen. Auch in Paris, im Nationalkonvent, in ganz Frankreich ſehnt man ſich nach dem Genuß der Republikaniſchen Früchte, welchen die Fortdauer des Krieges verzögert, oder zulezt gar vernichten dürfte. Obgleich die Jakobinerparthey, der Terrorismus und Anarchie unterdrückt ſind, ſo treiben doch noch Faktionen im Dunkeln ihr

ihr Spiel, und der Konvent schwebt noch immer in Gefahr, bey der Fortsetzung der Unruhen von Außen und von Innen die Hauptsache zu verlieren, nämlich eine gründliche, feste und sichere Konstituzion der Republik, an deren Belebung und Konsolidirung der Nazion weit mehr gelegen ist, als an einer längern Geld-Blut- und Menschenvergeudung.

Der Gang täglicher Begebenheiten zeigt uns diese unverkennbaren Wahrheiten. Die Sachwalter der Neufrankenrepublik fühlen selbst ihre Schwäche, und scheuen sich nicht mehr, für die Nothwendigkeit, für den Nutzen des baldigen Friedens in den Versammlungen zu sprechen. Abt Sieyes, ein Mann von dem bedeutendsten Einfluße beym Anfang, und jezt beym Schlusse der Revoluzion, bekennt in einer Rede, sie mag erdichtet oder wirklich seyn, die Wahrheit, daß nur der Friede Stütze und Wohlthat der Republik werden könne; Eben so laut, sagt er, wie in des Auslandes Thälern, erschallt die Stimme des Friedens um uns. Sie ist die Tochter des Hungers bey unsern

Feinden (er hätte gewiß treffender gesagt: bey unsern Republikanern), die Tochter der Verzweifelung bey den Bürgern der Republik! — die Stimme des Friedens ist eine gesetzgebende Macht geworden, die uns beherrscht; sie ist der allgemeine Wille: aber noch mehr, diese Stimme ist auch die Stimme der allgemeinen Noth. Seht um euch her, und betrachtet die Verwüstung des Krieges um euch, die Folge der ungeheuern Anstrengung, die uns nöthig war u. s. w.

Und diese Friedensstimme erhebt sich wirklich in Frankreich weit dringender und allgemeiner als in unserm Teutschland. Die Sieger wandelt sogar schon die Furcht, die Zerstörerinn aller Großthaten, an, sie möchten bey einem längern Trotzsinn, und Prüfung ihrer gefühlten Schwäche, in Zukunft ihre lästigen Triumphe nicht behaupten: sie scheinen für den Zeitpunkt bange zu seyn, in dem man aufhören muß, zu siegen, um nicht zehnfach mehr zu verlieren. Merken

ken wir es noch nicht, die Republikaner säumen jezt über den Rhein zu gehen, um nicht die Kraft und den Gemeingeist einmal aufzureitzen. Sieyes ruft ihnen zu: Hütet euch Bürger! daß ein Schritt über den Rhein ihren Hermann nicht aufwecke! Er macht uns blos Vorwürfe über unsre langmüthige Unthätigkeit, über unsre politische Nichteinheit. — Dieser Mann getraut sich, uns ins Angesicht vor ganz Europa zu sagen: Teutschlands Fürsten sind unschlüßig und nicht zu vereinigen; sie sprechen von Krieg und haben keine Heere; sie fürchten die Gefahr, und thun nichts, um sie abzuwenden. Seine Einwohner gleichen seinen Fürsten; sie haben Energie, aber sie schläft; der teutsche Geist scheint gewichen ꝛc.

Und diese Vorwürfe, welche so viele bittere Wahrheiten enthalten, sollen, oder wollen wir von einem Franzosen dulden? Unsere Gebrechen also, die Schuld an unserm bisherigen Unglück waren, müssen wir von unsern eignen Feinden kennen lernen? An nichts fehlt es uns also, als an ernster Entschlossenheit, an lebhafter Zusammenwirkung, kurz, am Gemeingeiste? Dieses feindliche Geständniß soll uns nicht auf die Vortheile, die in uns selbst liegen, aufmerksam machen, soll uns nicht zur Verbesserung der weitern Maaßregeln anspornen? Soll uns nicht anfeuern, den teutschen Gemeingeist zur glücklichen Abschliessung der allgemeinen Staatssache, wie der gegenwärtige Krieg und Friede ist, in voller Kraft wirken zu lassen?

Bey diesen schönen Aussichten hätte der Berliner Hof keine Ursache gehabt, so sehr auf Uebereilung des Friedens zu dringen, vielweniger selbst einen einzelnen Vertrag mit dem Feinde des Vaterlandes zu schliessen. Wie wenn Kurbrandenburg im Gegentheil bey diesen schönen Aussichten, welche dem denkenden Zeitforscher die Verhältnisse zwischen Teutschland und Frankreich darbieten, den löblichen Gemeingeist, welchen es anfangs selbst allenthalben so sehr anpries, und in Manifesten äusserte, mit einem ausharrenden Beyspiel befolgt hätte — wie erwünschlich hätten wir einen anständigen, einen gedeihlichen und allgemeinen Reichsfrieden mit den Waffen in der Hand erzwingen können? Oder sollte es an dem seyn, daß Preussen durch den friedfertigen Beytritt zur Frankenrepublik eine wirkliche Präponderanz in unserm Staatssystem zum Vortheil der leztern gegen uns erhalten, um Kaiser und Reich zu einem prekären und überraschten Frieden zu nöthigen? — O so wäre es denn wahr, was wir für uns nicht zu behaupten wagen, was aber der berühmte Pufendorf schon vor langem öfentlich vor dem Publikum gesagt hat — Teutschlands Verfassung sey eine von Oben herab erhaltene Verwirrung!*) So wäre es wahr, was dieser Staatsmann, welcher die Kräfte Teutschlands mit einem richtigen Maaßstabe zu messen im Stande war, in dem verkappten Moncembano ferners sagt,**) es

*) Confusio divinitus conservata.

**) Germaniae unitae bellum inferre velle neque hujus, neque alterius seculi rem esse.

es sey weder die Sache dieses Jahrhunderts, noch der folgenden, mit dem in einer Centralkraft vereinigten, und vom Gemeingeiste beseelten Teutschland Krieg zu führen. — Wahr, das uralte Axiom der Römer gegen die Teutschen:*) Theile, und du wirst herrschen; denn die Teutschen können nur durch die Hände der Teutschen überwunden werden. Dieser Schreckbilder ungeachtet, die sich eine etwas überspannte Phantasie so gerne vormalt, könnte der Ausgang unsers Friedensgeschäftes noch besser ausfallen, als wir glauben; das angetragene Vermittlungswerk Preussens wird, wie sichs hoffen läßt, zum allgemeinen Reichsbeßten, jedoch mit der oberhauptlichen Einwirkung der Kaisermacht, abzwecken, um die mißtrauische Zweifelsucht zu beruhigen.

Allein es sind bey unsrer Friedenssache mit der Frankenrepublik noch so manche

*) Divide et imperabis; manibus enim Germanorum Germani vincuntur Lentulus in principe absoluto sive Axiom. 19. ad lib. 12. Annal. Taciti.

manche beträchtliche Schwierigkeiten zu heben. Mit wem schliessen wir denn eigentlich den Frieden? Als wir den Krieg angekündigt hatten, und als er auch dem damaligen König von Ungarn und Böhmen angekündigt wurde, existirte noch ein König in Frankreich; dieser ist dahin, und nun theilt sich die neue Republik in Faktionen und Meinungen. Machen wir Frieden mit der Stadt Paris allein? dieß ist ungangbar und unzureichend; was würde das übrige Frankreich dazu sagen? In Paris herrscht noch kein festes Gesetz, keine feste Regierung, keine feste Uebereinstimmung der Gemüther. Mit der ganzen Nazion? diese ist noch theils Anarchisch, theils in geheim Royalistisch, theils halb Monarchisch, theils Republikanisch. Mit dem Nazionalkonvent? dieser ist mit und unter sich selbst noch nicht einig; hat noch keine bewährte Konstituzion hergestellt, welche nicht hin und wieder Widerspruch fände. Wenn nun früh oder spät der Nationalkonvent, der die Nazion repräsentirt, umgewechselt, und ein neuer gewählt, wenn wieder eine neue Konstituzion eingeführt wird, wer bürgt uns für die Dauer un-

 sers

sers Friedens? Wir müssen nicht nur einen annehmlichen, sondern zugleich einen dauerhaften Frieden haben, den wir uns aber aller Wahrscheinlichkeit nach nicht versprechen können, weil das Gebäude der Frankenrepublik noch immer auf schwachem Grunde ruht, und weil wir Gefahr laufen, daß das Friedenswerk, dem es bey dieser Wirre der politischen Prinzipen am pragmatischen Gewichte fehlen wird, von dem geringsten etwa sich wieder erhebenden Sturme als ein schilfähnliches Flugprodukt umgerissen werden möchte.

Denn was wollen wir den Republikanern für ein Prinzip vorlegen, auf dem das Friedensgeschäft seine Konsistenz erhalten sollte? Vielleicht den Westphälischen Frieden, auf welchen Teutschland sich als sein erstes Grundgesetz zu berufen pflegt? Aber die Republikaner werden und können es ihrer neuen Staatsumwälzung wegen nicht anerkennen, nicht annehmen, dieses teutsche Grundgesetz, welches nur zwischen souveränen Mächten als ein Bescheidungsmittel gelten kann, und mit der Republi-

kanischen

kanischen Reform in Frankreich nicht zusammenhängt. Betrachten wir die Sache von einer Seite, von welcher wir wollen, so scheint sie für uns sehr mißlich zu seyn. Wird die Republik anerkannt, (und dieß wird geschehen müssen, wenn jezt gleich, das ist, nach dem gegenwärtigen Plane ein Friede denkbar seyn soll) so steht zu befürchten, daß die Republikaner nur temporisiren, und einen günstigen Zeitpunkt abwarten dürften, um ihre Konstituzion zu konsolidiren, und ihre Plane alsdann zur Begründung ihrer von dem Monarchischen System abgehenden Staatsinteresse besser und sicherer verfolgen zu können. Wer weiß, was sie einst thun, mit wem sie sich verbinden werden, wer weiß, ob sie nicht eben jezt selbst den Frieden aus der Ursache beschleunigt haben wollen, um im Gedränge ihre Republik zu schützen, deren ungeheure Macht in der Folge allen Potenzen, besonders bey den vermuthlichen Allianzen, womit sie ihre Grundpfeiler bestärken wird, überaus furchtbar werden dürfte. Doch sehen wir auf den Karakter der Französischen Nazion zurück, können wir hoffen, daß

ihre

ihre Repräsentanten Wort halten werden, da ihre Könige und Minister in vorigen Zeiten bey Friedensschlüßen und Europäischen Staatshändeln, in die sie sich alle aus Maxime verflochten hatten, ihren theuersten Versicherungen nicht getreu geblieben sind? Was hat Teutschland für traurige Beweise hiervon? Schon alte Staatsmänner machten die Bemerkung, daß die Franzosen überhaupt jederzeit gewohnt waren, an ihre Bundesgenossen, oder an die, mit denen sie Frieden halten wollten, die übertriebensten Ansprüche und Forderungen zu machen. Es ist beynahe zum politischen Wahlspruch geworden,*) daß man bey einem Friedensvertrag mit den Franzosen, ihnen alles geben, und, um ihre Allianz zu befriedigen, sie alles nehmen lassen müsse. Was kann man für ein Vertrauen in eine Nazion setzen, welche mit dem angebohrnen Witz, Talent und raschem Feuer Unklugheit,

*) Pour observer la paix avec les françois il est necessaire de leur tout donner et pour satisfaire à leur Alliance il faut les ayder tout prendre. Lisola Bouclier d'etat et de just. art. I. pag. 15.

heit, Mißordnung, ungestüme Heftigkeit in Leidenschaften, und, bey aller Geschmeidigkeit der Sitten, schnell in Hitze gebrachte Einbildungskraft und daraus entstehende Grausamkeit verbindet, in eine Nazion, welche in allen Unternehmungen Wandelbarkeit, Schlauheit und List verräth, in eine Nazion, welche ihre eigenen Landsleute mit den häßlichsten Farben geschildert hatten. *) Selbst in dem dermalen Republikanischen Frankreich geben die eigene innere Haushaltung, die Widersprüche, die von Zeit zu Zeit getroffenen Veränderungen, und besonders die Geständnisse, welche Viele bey kälterer Besonnenheit von ihrer Nazion öffentlich ablegen, die überzeugendsten Merkmale von der Unstätheit ihres Nazionalkarakters und ihrer Handlungen, auf deren Werth die Erfahrung so oft ein falsches Licht geworfen hat.

Teutsch-

*) C'est une condition inseperable de notre humeur et un effét de cet aveuglement, qui a presque occupé toute la france de negliger la prudence et l'ordre, pour n'estimer que l'impetuosité, et n'adorer que le courage. Sillon Ministre d'etat part. I. Libr. I. Disc. 10.

Teutschland, däucht uns, hat in aller Rücksicht nicht Ursache, mit dem Frieden so sehr zu eilen, und dürfte noch Stoff genug finden, ihn mit Ehre zu erkämpfen. Die Fortschritte der Republikaner in den eroberten Ländern, ihre Vorkehrungen und Einrichtungen sind so zweydeutig, daß es das Ansehen hat, als wären sie nicht gesonnen, etwas, oder vielweniger alles zurück zu geben. Haben sie nicht ihre Erklärung dahin proclamirt, haben sie nicht den Rhein zur nöthigen Scheidewand zwischen Frankreich und Teutschland, zur Basis des Friedens angenommen? haben sie diesen Vordersatz nicht erst neuerlich in dem Nationalkonvent durch ein feyerliches Dekret sanktionirt? Wie wenn sie auf diesen Vordersatz beharren? Aber gesezt, es werden die eroberten und ausgesaugten Länder an das teutsche Reich zurück gegeben, will man sich mit dem Status quo ante bellum begnügen lassen, und werden die Republikaner mehrere Vortheile für uns eingehen? — Wird nachher der König von Ungarn und Böhmen, der Erzherzog von Oesterreich dazu schweigen, oder nicht viel-

vielmehr im Vertrauen auf Englands Beyhülfe gerechte Entschädigung mit den Waffen fodern? Und was würde das teutsche Reich dabey gewinnen, wenn es seinen Kaiser, nach so vielen und schweren Aufopferungen, im Stiche liesse? Dergleichen billige Zweifel verdienen Beherzigung, damit nicht das Machwerk eines Friedens übereilt werde, welches Teutschland in der Folgezeit gereuen dürfte.

Gleichwohl wird der Nationalkonvent der Frankenrepublik die Zurückgabe des Eroberten für das äußerste Opfer ansehen, welches er der solennen Anerkennung der Republik durch den Frieden mit dem teutschen Reich entrichtet. Hierbey drängt sich eine Hauptfrage auf, deren Auflösung jezt schon dem Friedensgeschäft vorher gehen soll.

Wenn das teutsche Reich mit der anerkannten Republik Frieden schließt, und es sizt ein neuer König, entweder durch gütliche Vergleiche, oder durch den Sieg der Waffen

auf

auf dem Thron von Frankreich, wird der gegenwärtige Friedensschluß bestehen?

Diese Frage, welche vielleicht vor kurzem noch lächerlich geschienen hätte, ob ein neuer König sich noch über den Trümmern der Republik seinen Thron bauen, oder ob nicht wenigstens in Frankreich eine eingeschränkte, gemäßigte Monarchie entstehen könnte, beginnt in unsern Tagen immer mehr Dignität zu gewinnen. In dieser gewaltigen Krise der Dinge ist es kein politisches Wunder, wenn sich mit jeder Spanne Zeit Gesinnungen und Umstände verändern. Mit dem Tode des Sohnes Ludwigs XVI könnte die Sache leicht eine andere Gestalt bekommen. Dieser konnte in seinem Gefängniß, und unter dem leeren Namen Ludwigs XVII auswärts nichts machen; aber der Graf von Provence, welcher nunmehr als Ludwig XVIII ausgeruffen ist, kann als der nach gewöhnlichen Rechten nächste Erbe des Thrones von Bourbon das Königthum durch Waffen, oder durch gütige Uebereinkunft mit der frankreichischen Nation behaupten.

Armeen

Armeen und Völker haben ihn bereits als König proclamirt, er selbst hat schon in königlicher Würde, Dekrete, Patente und Zuschriften an souveräne Mächte ergehen lassen, und die Kronen England und Sardinien sind vorausgegangen, den neuen König zu erkennen. Oesterreich und das teutsche Reich werden jezt stillschweigend einstimmen und bald nachfolgen, sobald die Gelegenheit eintritt. Das Interesse der Könige und Fürsten arbeitet mit dem Interesse des neuen Königs von Frankreich. Der Fall ist wohl möglich, daß der Graf von Provence mit seinem Erbfolgrecht zugleich das Königthum wieder herstellt, und zwar durch das Glück der Waffen. In der Vendee, in Bretagne und in der Normandie, wo kriegerische Auftritte zum Beßten Ludwigs XVIII sich ereignen, kann der Thron des neuen Königs gezimmert, und dann im Triumph nach Paris gebracht werden. Der Anhang der Königlichgesinnten ist groß, und die Stimme des Royalismus erschallt jezt mehr als jemals in Frankreich; dazu kommt noch die mächtige Unterstützung des Großbrittanischen Hofes; wenn nun das Waffenglück den neuen König mittelmäßig begünstigte,

günstigte, welche Fortschritte würde er nicht machen, und welche Menge würde ihm nicht beyfallen, um ihn als rechtmäßigen Erben auf den Thron seiner Väter zu erheben.

Aber auch durch gütliche Uebereinkunft mit der Nazion selbst könnte der neue König seine Krone behaupten. Die Partheyen für den Royalismus, oder vielmehr für eine konstituzionelle, beschränkte Monarchie sind in ganz Frankreich verbreitet. Der Geist des dermaligen Nazionalkonvents ist jezt sehr gemäßigt, und es wird gewiß hierinn Viele geben, die im Stillen einer Monarchischen Verfassung nicht abgeneigt wären, welche auf bessere, der menschlichen Gesellschaft angemessenere Grundsätze abzweckte, so daß es fast zweifelhaft scheint, ob nicht, wenn die Nazion freye Wahl und Stimme hätte, das Königthum die Mehrheit gewänne, und man nicht die Krone als rechtmäßig anerkennte. Würde nun der neue König, welcher für sich selbst wirksam seyn kann, diese vortheilhaften Adspekten zu benützen, die Nazion durch Thaten und Aeusserungen lieb zu gewinnen wissen, würde er, anstatt höchst unpolitische, seinem

nem Zwecke ganz entgegengesezte Schreiben nach Rom zu schicken, sich unmittelbar an die Französische Nazion, und deren Repräsentanten wenden, dieselbe durch redliche, dem Zeitgeist und der vernünftigen Politik analoge Proklamen zur Anerkennung seiner Königswürde in wahrhaft väterlichen Ausdrücken auffordern, würde er sich selbst anheischig machen, eine förmliche Konstitution nach dem Sinn und Entwurf der Nazion anzunehmen, sich bequemen, die Krone dem Gesetze zu unterwerfen, und überhaupt nur für das allgemeine Wohl zu tragen — wie wahrscheinlich dürfte der neue König über die Meinungen triumphiren, und mit gütlicher Uebereinkunft den wieder ergänzten Thron besteigen? — —

In beyden Fällen aber, es möchte die Sache im Wege der Gewalt, oder der Güte geschehen, wäre sie für unsern jetzigen Friedensschluß sehr bedenklich. Die Anerkennung der Republik dürfte den neuen König von Frankreich immerhin entweder aus heimlichen Haß, oder aus Vorliebe für seine Nazion gegen das teutsche Reich aufbringen, und unser Friedensschluß dürfte manche unangenehme Klauseln oder Abänderungen zur Folge haben. Wenigstens sind wir der Gefahr ausgesezt, mehr zu verlieren als zu gewinnen, und das von neuem wieder anfangen zu müssen, was wir vollendet zu haben glaubten.

Diese nicht unnützen Problemen haben wir dem teutschen Reich zur verdienten Beherzigung vorlegen, und das Resultat nur dahin ziehen wollen, daß man einen annehmlichen, der Nazionalwürde entsprechenden Frieden mit Bedachtsamkeit und Vorsicht, und mit den Waffen in der Hand erobern, unter gemeinschaftlicher Vereinigung aller Glieder zu ihrem Oberhaupt, unsrer konstitutionellen Staatsverfassung gemäß, einen allgemeinen Reichsfrieden aus sich selbst entstehen machen, und das bewährte Axiom weiser Staatsmänner beobachten möchte:

Armis depoſcere pacem!

www.ingramcontent.com/pod-product-compliance
Lightning Source LLC
Chambersburg PA
CBHW021514090426
42739CB00007B/614

* 9 7 8 3 7 4 3 4 0 7 0 0 8 *